かんたん&わかりやすい
フェルトでつくる
リカちゃん手縫い服
オールシーズン

関口妙子
Taeko Sekiguchi

講談社

CONTENTS

4		作品一覧
6		主な材料／主な道具
7		手縫いの基本
8		本書で使用するステッチ
9		アイロンのかけ方／スナップボタンのつけ方
10		アイロンプリントのやり方／アイロンプリント用イラストについて
11		型紙について
12		型紙の写し方
14		良くある質問と回答
15		本書に登場するモデル

16	Spring	リカちゃんイースターワンピース
17		ミキちゃんマキちゃんイースターオールインワン
18		リカちゃん入学式ワンピース

20	Summer	リカちゃん・はるとくん・ミキちゃんマキちゃんアウトドアウェア
22		リカちゃんセーラーワンピース

24	Autumn	リカちゃんハロウィンワンピース
25		ミキちゃんマキちゃんハロウィンワンピース
26		リカちゃん・はるとくんスポーティスタジャン

28	Winter	リカちゃんトレンチコート
30		リカちゃん・ミキちゃんマキちゃんクリスマス

＼ つくり方

32	リカちゃんイースターワンピース
35	Column　イースターワンピースアレンジ1、2
36	リカちゃんうさ耳カチューシャ
38	ミキちゃんマキちゃんイースターオールインワン
40	ミキちゃんマキちゃんイースターうさ耳カチューシャ
41	リカちゃん入学式ワンピース
43	Column　リカちゃん入学式ワンピースアレンジ1、2
44	リカちゃんボレロ

spring

Summer

46	リカちゃん・はるとくんマウンテンパーカー
49	リカちゃん・はるとくん・ミキちゃんマキちゃんタンクトップ
50	リカちゃんハーフパンツ
52	はるとくん・ミキちゃんマキちゃんハーフパンツ
54	リカちゃんリュックサック
56	はるとくん・ミキちゃんマキちゃんキャップ
58	リカちゃんセーラーワンピース
61	リカちゃんリボンカチューシャ
62	Column　セーラーワンピースアレンジ1、2

Autumn

63	リカちゃんハロウィンワンピース
65	ミキちゃんマキちゃんワンピース
66	リカちゃん・ミキちゃんマキちゃんリボンカチューシャ
67	リカちゃん・はるとくんスポーティスタジャン
70	Column　スタジャンアレンジ1
71	リカちゃん・はるとくんタンクトップ
72	リカちゃんデニム風ミニスカート
73	Column　スタジャンアレンジ2
74	はるとくんデニム風パンツ

Winter

76	リカちゃんトレンチコート
79	リカちゃんハイネックインナー
81	リカちゃんロングタイトスカート
83	リカちゃんベレー帽
85	リカちゃんクリスマスワンピース
87	リカちゃんクリスマスケープ
88	Column　クリスマスワンピース&ケープアレンジ
89	リカちゃん・ミキちゃんマキちゃんクリスマス帽子
90	Column　パフスリーブをうまくつくるコツ
91	リカちゃんクリスマスブーツ
92	Column　襟をうまくつける方法
93	ミキちゃんマキちゃんクリスマスジャケット・ワンピース
95	マキちゃんクリスマスズボン

| 97 | 型紙 |

*（　）の中のページはつくり方ページです。

リカちゃんハロウィンワンピース / ミキちゃんマキちゃんハロウィンワンピース

リカちゃん・はるとくんスポーティスタジャン

リカちゃんトレンチコート

リカちゃん・ミキちゃんマキちゃんクリスマス

Autumn / Winter

主な材料

主な道具

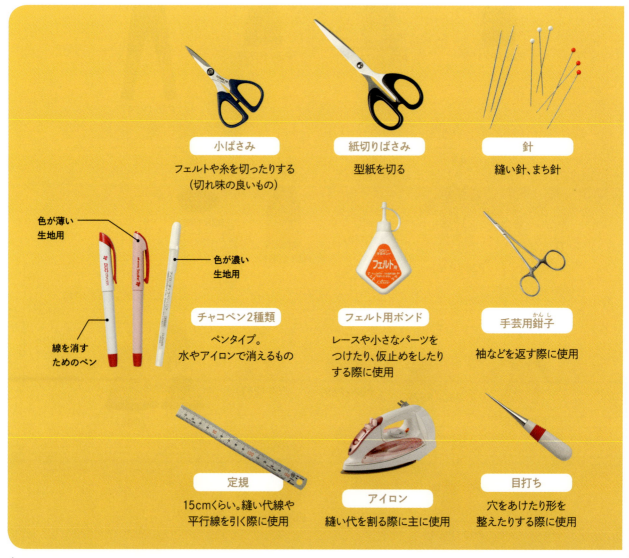

手縫いの基本

針に糸を通す

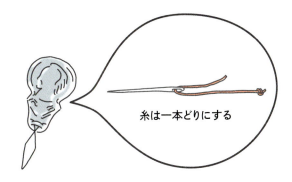

糸は一本どりにする

1. 糸の先を斜めにカットし、湿らせてから針の穴に通す。
2. 糸が通りづらい場合は糸通し器などを使うと良い。

玉結び

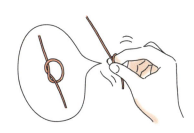

1. 人差し指に糸をひと巻きする。
2. 親指と人差し指で糸をよじり、引く。

玉止め

1. 縫い終わりの目に針をあて、左手で糸をしっかり固定する。
2. 針に糸を1〜2回巻きつけて、上方に引き抜く。

本書で使用するステッチ

並縫い

0.3〜0.4cm
0.3〜0.4cm

左手で布をしっかり持ち、1針0.3〜0.4cmの間隔で縫い進める。

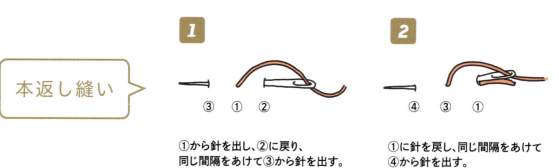

本返し縫い

1. ①から針を出し、②に戻り、同じ間隔をあけて③から針を出す。
2. ①に針を戻し、同じ間隔をあけて④から針を出す。

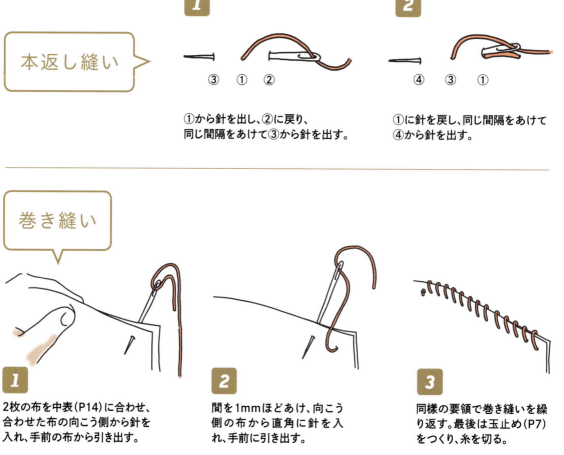

巻き縫い

1. 2枚の布を中表（P14）に合わせ、合わせた布の向こう側から針を入れ、手前の布から引き出す。
2. 間を1mmほどあけ、向こう側の布から直角に針を入れ、手前に引き出す。
3. 同様の要領で巻き縫いを繰り返す。最後は玉止め（P7）をつくり、糸を切る。

アイロンのかけ方

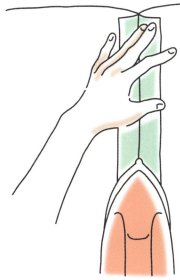

フェルトは生地が厚いので、
縫い代を割る際につぶすように
しっかりとアイロンをかけましょう。

＊アイロンの温度は中温にし、スチームは
　使用しません。スチームを使用すると風
　合いが変わってしまう場合があるので
　注意しましょう。

＊フェルトによっては生地が溶けるもの
　もあります（本誌で紹介したフェルトは
　溶けません）。事前に確認してください。

＊やけどにご注意ください。

縫い代を手で開きながら、
押しつけるように
アイロンをかける。

スナップボタンのつけ方

1

つけ位置を決め、
中心にまち針を打つ。

2

手前の穴から
糸をすくい針を出し、
輪にした糸を
針にかけ糸を引く。

3

2〜3回同じ工程を
繰り返したら、
他の穴も同様に。

4

玉止め

最後に針を反対側から
出し、スナップの下で
玉止め（P7）する。

アイロンプリントのやり方

5 熱が冷めたら
ゆっくりと用紙をはがす。

1 https://k-editorial.jp/dl/
licca-ironprint.zipにアクセスし
データをダウンロードする。

6 スタジャンのワッペンや
タンクトップなどはプリン
トをしてから生地を裁
断する。

2 市販のアイロンプリント用紙にプリントアウトする
（プリントの方法はプリンターの説明書をご覧ください）。
＊プリンターの設定でアイロンプリント用紙がある場合は設定
し、ない場合は左右反転でプリントする。プリンターの使い方
はメーカーにお問い合わせください。

3 図案の周りに
少し余白をもたせて
用紙をカットする。

4 図案がプリントされた方を
下にしてフェルトに載せ、
アイロンで押さえる。
＊詳しいやり方は使用するアイロ
ンプリント用紙の説明をご参照
ください。

**プリンターが
ない場合**

＊イースターのエプロンとスタ
ジャンのワッペンについては、
市販のものでお好みのワッペ
ンを使用してください。
＊ボーダーについては布用のペ
ンでボーダーを描く。

アイロンプリント用イラストについて

https://k-editorial.jp/dl/licca-ironprint.zip
にアクセスしてデータをダウンロードしてご使用ください（有効期限2021年11月まで）。
パソコンの使い方はメーカーにお問い合わせください。

 P16Easter_egg    P21Harutokun_tank_top

 P20Liccachan_tank_top    P21Makikichan_tank_top

 P21Mikichan_tank_top   P26Stadium_jumper

all

型紙について

型紙の基本的な名称やそれぞれの用語の示す意味などの説明です。

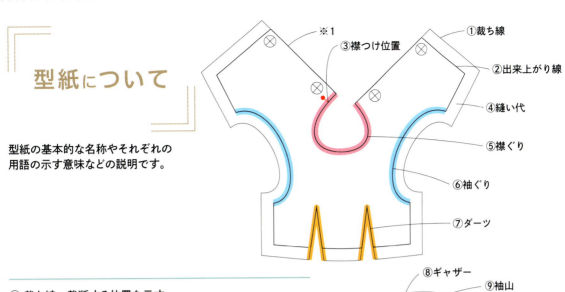

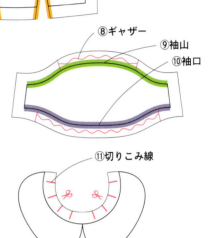

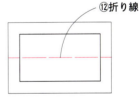

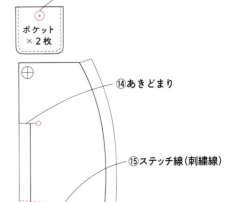

① 裁ち線→裁断する位置を示す

② 出来上がり線→縫い上がりの寸法、縫い合わせる位置を示す

③ 襟つけ位置→襟を貼りつける(縫いつける)位置を示す

④ 縫い代→裁ち線から出来上がり線までの間を示す

⑤ 襟ぐり→首回りに沿った線

⑥ 袖ぐり→身頃の袖をつける部分のくり、ノースリーブの肩周り

⑦ ダーツ→切りこみの左右を縫い合わせる位置

⑧ ギャザー→生地を縫い縮めてひだを寄せる位置を示す

⑨ 袖山→袖の上部、袖ぐりと縫い合わせる部分

⑩ 袖口→袖の先、手首の出る部分

⑪ 切りこみ線→縫い代に切りこみを入れる位置を示す

⑫ 折り線→生地を折る位置を示す

⑬ ○○位置→ボタンやビーズなどがつく位置を示す

⑭ あきどまり→あきが終わる位置を示す

⑮ ステッチ線(刺繍線)→ステッチが入る位置や刺繍の入る位置を示す

＊1…フェルト生地は裁ち切り(切りっぱなし)部分があるため、裁ち線＝出来上がり線の場合があります。

型紙の写し方

＊使用型紙P97リカちゃんイースターワンピース

1 型紙をコピーするか、書き写して切り取る（200％と表記されているものは200％に拡大して使用）。

2 フェルト生地に裏表はないので、自分で裏と決めた面を上にして型紙を置き、チャコペンでフェルトに書き写す。
＊型紙が動かないよう両面テープなどで貼って固定するとよい。
＊生地の裏に載せて書き写すので型紙は全て左右反転となっています。

3 型紙に左右各1枚と書いてあるものは型紙を裏に返してフェルトの上に置き、もう1枚パーツを書き写す。
＊イースターワンピースでは該当の型紙がないので、トレンチコート（袖）の型紙での説明です。

4 型紙の周りを全て写し終わったらはさみでカットする。

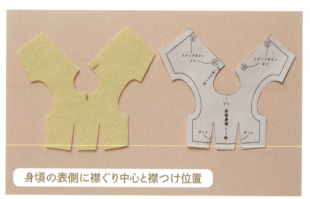

身頃の表側に襟ぐり中心と襟つけ位置

身頃の裏側に出来上がり線

5 必要な印を書きこむ。表と裏に書きこむ要素が違うので注意（P13表参照）。
＊作業途中で線が消える場合があるので、出来上がり線などは縫い合わせる直前にその都度書きこむことをおすすめします。

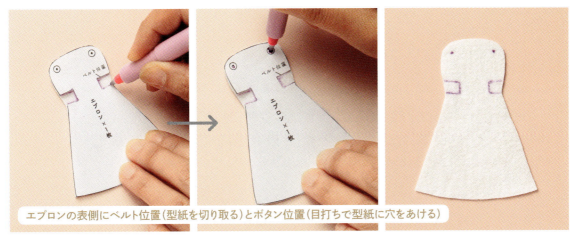

エプロンの表側にベルト位置（型紙を切り取る）とボタン位置（目打ちで型紙に穴をあける）

＊襟、袖、スカートも同様の要領で進める。

前スカートの表側に刺繍線を型紙を切り取りながら写す。左右反転に写す

＊刺繍が必要な場合（デニム風ミニスカートの型紙で説明）（撮影のため違う色のフェルトを使用しています）。

■印や線はフェルト生地の表側に書きこむものと裏側に書きこむものがあります。

表につける印、線

- 襟つけ位置
- 袖つけ位置
- 襟ぐり前中心
- 襟ぐり後中心
- ボタン位置
- ビーズ位置
- 肩ひも位置
- ポケット位置
- 肩線
- 刺繍の線
- ベルト位置
- リカちゃんリュックサックの蓋位置
- リボンをライン状に縫いつける際の位置
- フラップ位置
- エポレット位置
- ホットフィックス位置

裏につける印、線

- 出来上がり線
- ギャザー位置
- 袖山中心
- 襟の前中心
- 襟の後中心
- リカちゃんリュックサックの底マチを縫い合わせる位置
- チョボ位置
- ミキちゃんマキちゃんハロウィンワンピースのダーツの印
- カチューシャのゴム位置

書き写さない印、線

- スナップボタン
- ギャザーの波線
- ボンテン位置
- 切りこみ線
- 折り線

良くある質問と回答

Q 中表・外表とはなんですか？

A 中表は2枚の布の表側を内側にして合わせた状態、外表は2枚の布の表側を外側にして合わせた状態のことをいいます。

Q 「縫い合わせる」「縫いとめる」「縫いつける」とは何縫いのことですか？

A 特に指定がない場合はすべて本返し縫い（P8）です。

Q リカちゃんにフェルト服を着せた時、きつくて後ろが閉まりません。

A フェルトは縫い代が重なり厚くなってしまうため、着せた時にきつく感じる時があります。袖に腕を通したら身頃を後ろにぐっと引っ張り、リカちゃんの腕を前後に動かすと正しい位置で着せつけることができます。

Q スナップボタンの位置はなぜ書きこまないのですか？

A スナップボタンの位置は事前に書きこむと、縫いあがりの状態により左右の位置がずれてしまうことがあるので最後に左右の位置を確認してから縫いつけます。

本書に登場するモデル

リカちゃん
明るくてちょっぴり
あわてん坊な
小学5年生
年齢：11歳
誕生日：5月3日

はるとくん
リカちゃんの家の
向かいに住む
お兄さん
年齢：13歳
誕生日：4月3日

ミキちゃん・マキちゃん
リカちゃんの双子の妹
年齢：4歳
誕生日：6月12日

リカちゃん公式サイト
https://licca.takaratomy.co.jp/

リカちゃんオフィシャル情報サイト
https://licca.takaratomy.co.jp/official/

リカちゃん公式インスタグラム
https://www.instagram.com/bonjour_licca/

リカちゃん公式ツイッター
https://twitter.com/bonjour_licca

spring

リカちゃん イースター ワンピース

つくり方P32　型紙P97

今日はイースター♪
ミキちゃん
マキちゃんのために
卵を隠さなきゃ！

これから
エッグハントに
出かけるの〜！
いくつ卵を
集められるかなー？

ミキちゃん
マキちゃん
イースター
オールインワン

つくり方P38　型紙P98

入学式に桜の花が
満開になりました！
パパもママも大喜び！
記念に写真を撮って
もらいました♪

Summer

リカちゃん・はるとくん・ミキちゃんマキちゃん アウトドアウェア

つくり方P46　型紙P100-102

緑が気持ちいい森の中、
お向かいのはるとくんも誘ってピクニック！
これからお弁当を食べまーす！

Summer
リカちゃん セーラーワンピース
つくり方P58　型紙P103

夏らしいセーラー型のワンピース！
ピンクのワンピースも
同じ型紙でつくれちゃいます！

Autumn

リカちゃん・はるとくん スポーティスタジャン

つくり方P67　型紙P106、107

今日は、はるとくんにお勉強を教えてもらうの！
図書館の前で待ち合わせです。

Winter

リカちゃん トレンチコート

つくり方P76　型紙P108-109

寒い冬もお気に入りの
トレンチコートを着て、
カフェのオープンテラスで
読書するのが
お気に入りの過ごし方！

Winter

リカちゃん・ ミキちゃんマキちゃん クリスマス

つくり方P85　型紙P110、111

メリークリスマス!
サンタさんはどんなプレゼントを
用意してくれたのかしら?

リカちゃん イースターワンピース

型紙P97

材料

フェルト(20cm×20cm)#304　2枚(手縫い糸#26)
フェルト(20cm×20cm)#703　1枚(手縫い糸#403)
ドール用ボタン4mm薄ピンク　6個(手縫い糸#3)
15mmボンテン白　1個(手縫い糸#403)
5mmスナップボタン　2組(手縫い糸#26)

道具

小ばさみ　　　まち針
紙切りばさみ　フェルト用ボンド
チャコペン　　定規
縫い針　　　　アイロン

つくり方

1

フェルトは裏の状態

フェルトを裁断し、チャコペンで必要な印をつけておく。

2 エプロン

エプロンにアイロンプリントをする(P10)。

3 ワンピース

前身頃のダーツを中表(P14)に合わせる。

4

撮影のため糸色を変えています

巻き縫い(P8)で縫い合わせる(P14)。

5

襟パーツの縫い代に型紙通りに切りこみを入れてまずは片側だけボンドを塗り、身頃の襟ぐりに貼りつける。反対側はP92を参照し貼る。

6

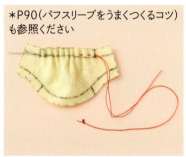

*P90(パフスリーブをうまくつくるコツ)も参照ください

袖パーツの袖口にギャザーを寄せて(並縫いで縫い縮める)、袖カフスと中表に縫い合わせる。

7

袖パーツの袖山にギャザーを寄せる(並縫いで縫い縮める)。

8

身頃の袖ぐりと中表に合わせて縫い合わせる。

9

脇を縫い合わせる

袖ぐりの縫い代は一緒に縫いこまない

前後身頃の脇を中表に合わせ、縫い合わせる。

33

10

袖ぐりの縫い代は
一緒に縫いこまない

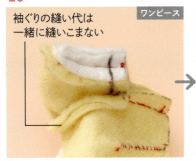

袖を中表にし、縫い合わせ、表に返す。

11

左後ろ　　　右後ろ

7枚のスカートパーツを中表に縫い合わせる。

12

縫い代を半分にカットする。

13

縫い合わせた接ぎ目に表側からアイロンをかけて(P9)落ち着かせる。

14

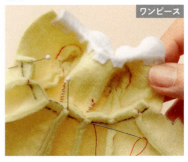

身頃とスカートを中表に縫い合わせる。

15

縫い代を開いてアイロンをかける。

16

エプロン、ベルトパーツをボタンと一緒に身頃に縫いつける。

17

後ろ中心をあきどまりまで中表に縫い合わせる。

18

表に返し、あきどまりの少し下にボンテンを縫いつける。

19

スナップボタンを
縫いつけて(P9)完成
(左右がズレないよう注意)。

Column

イースターワンピースアレンジ 1

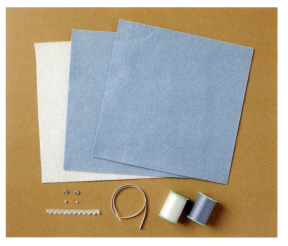

アレンジするところ

P34 **16**の工程でエプロンのボタンをパールビーズに変更

エプロンの裾にレースをボンドで貼りつける

P34 **16**の工程でエプロンのベルトはつけずにウエスト部分にサテンリボンをボンドで貼る(着用させる時は後ろでリボンを結ぶ)

材料
フェルト(20cm×20cm)#552　2枚(手縫い糸#266)
フェルト(20cm×20cm)#703　1枚
3mmパールビーズ　2個(手縫い糸#403)
4mm幅サテンリボン　30cm
6mm幅レース　8cm
5mmスナップボタン　2組(手縫い糸#266)

道具　P32と同様

Column

イースターワンピースアレンジ 2

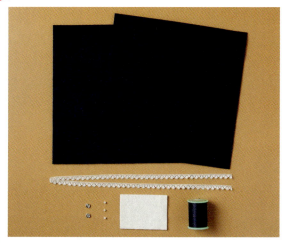

アレンジするところ

P34 **16**の工程でエプロンはつけずに前中心にパールビーズを3個縫いつける

スカート裾にレースをボンドで貼りつける

材料
フェルト(20cm×20cm)#558　2枚(手縫い糸#99)
フェルト#703　5cm×7cm
3mmパールビーズ　3個(手縫い糸#99)
6mm幅レース　28cm
5mmスナップボタン　2組(手縫い糸#99)

道具　P32と同様

リカちゃん うさ耳カチューシャ

型紙P98

Spring

材料

フェルト#703　7cm×9cm（手縫い糸#403）
フェルト#110　4cm×3cm
0.35mmワイヤー　4cm×2
3mm幅ソフトゴムテープ白　7.5cm

道具

小ばさみ　　まち針
紙切りばさみ　フェルト用ボンド
チャコペン　　定規
縫い針

つくり方

1

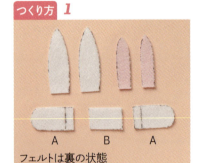

フェルトは裏の状態

フェルトを裁断し、チャコペンで必要な印をつけておく。

2

ワイヤーを半分に折り、外耳パーツと内耳パーツの間に挟んでボンドで貼り合わせ、耳パーツを2つつくる。

3

撮影のため糸色を変えています

耳パーツの根元をつまんで糸で2〜3回縫いとめる(P14)。

4

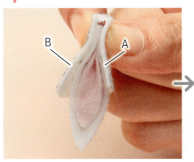
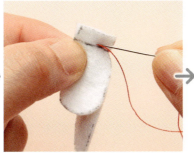

カチューシャパーツAとBの間に耳パーツを挟み、AとBを縫い合わせる(P14)。

5

4の縫い代にボンドを塗り、開いて貼りつける。

6

ゴムテープの片端にボンドを塗り、カチューシャパーツのゴム位置に合わせて貼り、糸で縫う(ボンドはほつれ止めの役割もある)。

7
反対側も同様にして完成。

ミキちゃんマキちゃん
イースターオールインワン

型紙P98

材料

フェルト（20cm×20cm）#110　1枚（手縫い糸#3）（ミキちゃん）
フェルト（20cm×20cm）#552　1枚（手縫い糸#266）（マキちゃん）
ドール用ボタン5mm薄水色　2個（ミキちゃん）（手縫い糸#266）
ドール用ボタン5mm薄ピンク　2個（マキちゃん）（手縫い糸#3）
15mmボンテン白　1個（手縫い糸#403）×2
5mmスナップボタン　1組（手縫い糸#403）×2

道具

小ばさみ　　　まち針
紙切りばさみ　定規
チャコペン　　アイロン
縫い針

つくり方

1

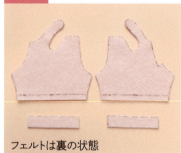

フェルトは裏の状態

フェルトを裁断し、チャコペンで必要な印をつけておく。

2

撮影のため糸色を変えています

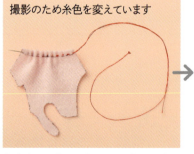

→

左右身頃の裾にギャザーを寄せて（並縫い〈P8〉で縫い縮める）、裾ベルトと中表（P14）に縫い合わせる（P14）。

3

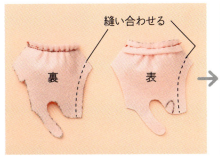  

前中心を中表に縫い合わせ、縫い代に切りこみを入れて開き、縫い代を開いてアイロンをかける(P9)。

4

後中心をあきどまりまで中表に縫い合わせる。

5

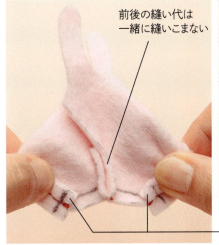 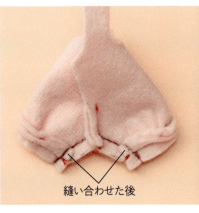

股下を中表に縫い合わせる。

6

表に返し 肩ひもを前身頃のつけ位置にボタンと一緒に縫いつける。

7

後ろ側のあきどまりの少し下にボンテンを縫いつける。

8 スナップボタンを縫いつけて(P9)完成。

型紙P98

ミキちゃんマキちゃん うさ耳カチューシャ

材料

フェルト#703　7cm×9cm（手縫い糸#403)×2
フェルト#110　4cm×3cm×2
フェルト#110　2cm×3cm（手縫い糸#3）（ミキちゃん）
フェルト#552　2cm×3cm（手縫い糸#266）（マキちゃん）
0.35mmワイヤー　4cm×2×2組
3mm幅ソフトゴムテープ白　6cm×2

道具

小ばさみ　　　まち針
紙切りばさみ　フェルト用ボンド
チャコペン　　定規
縫い針

つくり方 *1*

P36の要領でカチューシャをつくる。

2

リボンの中心に並縫い（P8）をしてギャザーを寄せ、糸を巻きつけ絞る。

3

リボン中心を巻きつけて後ろ側で縫い、耳の根元に縫いつける。

Spring

リカちゃん
入学式ワンピース

型紙P98、99

材料

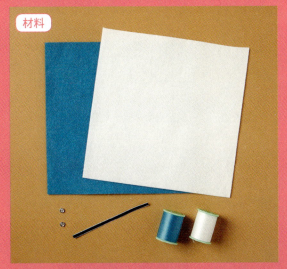

フェルト(20cm×20cm)#569　1枚(手縫い糸#77)
フェルト(20cm×20cm)#703　1枚(手縫い糸#403)
5mm幅リボン(好みのリボン)　11cm
5mmスナップボタン　2組(手縫い糸#77、#403)

道具

小ばさみ　　　まち針
紙切りばさみ　フェルト用ボンド
チャコペン　　定規
縫い針　　　　アイロン

つくり方 1

フェルトは裏の状態

フェルトを裁断し、チャコペンで
必要な印をつけておく。

2

 →

撮影のため糸色を変えています

前身頃のダーツを中表(P14)に合わせ、巻き縫い(P8)で縫い合わせる。

3

襟パーツの縫い代に型紙通りに切りこみを入れてまずは片側だけボンドを塗り、身頃の襟ぐりに貼りつける。反対側はP92を参照し貼る。

4

脇

前後身頃の脇を中表に合わせる。

5

脇の片側を縫い合わせ（P14）たところ。反対側も同様に。

6

左後ろ　右後ろ

7枚のスカートパーツを中表に縫い合わせる。

7

切りこみを入れてから、縫い代を半分に

ウエストの縫い代に切りこみを入れ、さらに縫い代を半分にカットする。

8

縫い合わせた接ぎ目に表側からアイロンをかけて（P9）落ち着かせる。

9

裏側とウエストの縫い代を開きアイロンをかける。

10

身頃とスカートを中表に縫い合わせる。

11

縫い代を開いてアイロンをかける。

12

後ろ中心をあきどまりまで中表に縫い合わせる。

13

結び目の脇を縫いとめる

スナップボタン（P9）、襟元にリボンを縫いつけて完成。

Column

リカちゃん入学式ワンピースアレンジ 1

アレンジするところ

- P41 **1**の工程で襟型紙の前中心の切りこみを入れずに、四角い一枚の襟として使用する
- 襟の周りにレースをボンドで貼り付ける
- P42 **13**の工程でウエストにリボン結びにしたリボンを2ヵ所縫いつける

材料	フェルト(20cm×20cm)#790　1枚(手縫い糸#402) フェルト(20cm×20cm)#703　1枚(手縫い糸#403) 6mm幅レース　20cm 5mm幅リボン(好みのリボン)　25cm 5mmスナップボタン　2組(手縫い糸#402、#403)
道具	P41と同様

Column

リカちゃん入学式ワンピースアレンジ 2

アレンジするところ

- P42 **13**の工程でウエストにバックルを通したサテンリボンをボンドで貼りつける

材料	フェルト(20cm×20cm)#105　2枚(手縫い糸#213) フェルト(20cm×20cm)#703　8cm×8cm 4mm幅サテンリボン　12cm メッキバックル【プチ】シルバー　1個 5mmスナップボタン　2組(手縫い糸#213)
道具	P41と同様

リカちゃんボレロ

型紙P99

材料

フェルト(20cm×20cm)#569　1枚(手縫い糸#77)
フェルト#703　3cm×5cm　(手縫い糸#403)
3mmシルバーパールビーズ　2個(手縫い糸#77)
2.5mmシルバーパールビーズ　4個(手縫い糸#403)

道具

小ばさみ　　　　フェルト用ボンド
紙切りばさみ　　手芸用鉗子
チャコペン　　　定規
縫い針　　　　　アイロン
まち針

つくり方

1

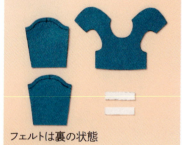

フェルトは裏の状態

フェルトを裁断し、チャコペンで必要な印をつけておく。

2

撮影のため糸色を変えています

身頃の袖ぐりと袖を中表(P14)に縫い合わせる(P14)。

3

縫い代を開いてアイロンをかける(P9)。

4

前後身頃の脇を中表に縫い合わせる。

5
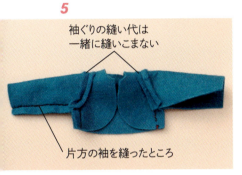
袖を中表に縫い合わせる。

6

鉗子を袖に入れて布をはさみ、ゆっくり引っ張り出し袖を表に返す。

7

袖口にカフスを合わせて中心をビーズと一緒に縫いつける(ビーズの位置は縫い合わせた袖口の逆側)。

8

カフスにボンドを塗り袖口の周りに貼り、突き合わせた両端を巻き縫い(P8)で縫う。

9
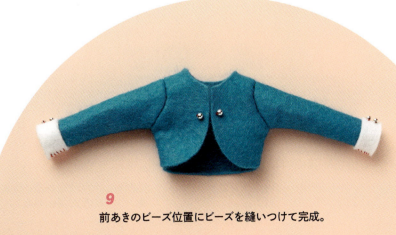
前あきのビーズ位置にビーズを縫いつけて完成。

Summer

リカちゃん・はるとくん マウンテンパーカー

型紙P100

型紙P100

フェルト(20cm×20cm)#105　2枚(手縫い糸#213)(リカちゃん)
フェルト(20cm×20cm)#557　2枚(手縫い糸#93)(はるとくん)
ミニファスナー白　1本×2

小ばさみ　　　フェルト用ボンド
紙切りばさみ　手芸用鉗子
チャコペン　　定規
縫い針　　　　アイロン
まち針　　　　ライター

つくり方

1

フェルトは裏の状態

フェルトを裁断し、チャコペンで必要な印をつけておく。

2

撮影のため糸色を変えています

ポケット上側は縫わない

前身頃にポケットを並縫い(P8)で縫いつける。反対側も同様に。

3

フードの後中心を中表(P14)に縫い合わせる(P14)。

4

縫い代を半分にカットして表に返す。

5

身頃襟ぐりとフードを中表に合わせて巻き縫い(P8)で縫い合わせる。

6

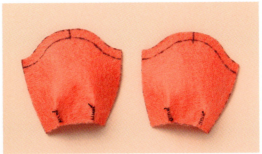

袖口のダーツを中表に合わせ、巻き縫いで縫い合わせる。

7

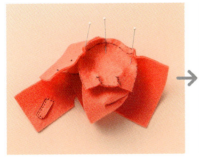

身頃の袖ぐりと袖を中表に合わせ、縫い合わせる。

8

縫い代を開いてアイロンをかける(P9)。

9

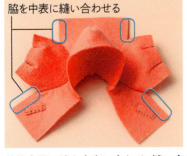

脇を中表に縫い合わせる
袖ぐりの縫い代は一緒に縫いこまない

前後身頃の脇を中表に合わせ、縫い合わせる。反対側も同様に。

10

袖ぐりの縫い代は一緒に縫いこまない

両袖を中表に縫い合わせる。

47

11

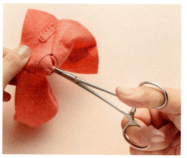

袖口近くまでつままない

鉗子を袖に入れて布をはさみ、ゆっくり引っ張り出し袖を表に返す。

12

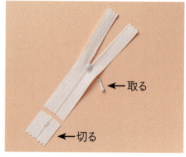

袖口パーツにボンドを塗る（乾いてしまうので片方ずつ）。

13

12を袖口の周囲に貼り、突き合わせた両端を巻き縫いで縫う。

14

取る
切る

ミニファスナーの持ち手を取り、ファスナー止めは切る。

15

ミニファスナーを前立ての長さに合わせてカットする。

16

必ず大人が処理をしてください

上下の端をライターで軽くあぶってほつれ止めをする。

17

ミニファスナーを2つに分け、片方にスライダーを通す。

18

ファスナーを前立てにボンドで貼りつける。

19

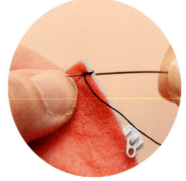

スライダーが抜けないよう、一番下を2〜3回糸で縫いつけて完成。

Summer

リカちゃん・はるとくん・
ミキちゃんマキちゃんタンクトップ

型紙P101

材料

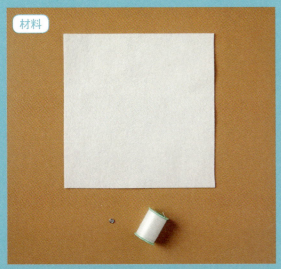

フェルト(20cm×20cm)#701　1枚(手縫い糸#403)
5mmスナップボタン　1組(手縫い糸#403)

道具

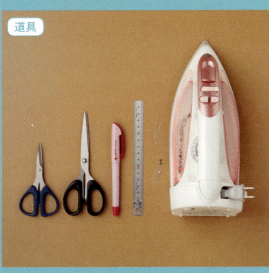

小ばさみ　　　まち針
紙切りばさみ　定規
チャコペン　　アイロン
縫い針

つくり方 1

アイロンプリント
(P10)で表側に
縞模様を
印刷しておく

フェルトは裏側の状態

フェルトを裁断し、チャコペンで必要な印をつけておく。

2

これから縫い合わせる　　縫ったところ

身頃脇を中表(P14)に縫い合わせ(P14)、縫い代を開きアイロンをかける(P9)。

3

表に返して後ろ側にスナップボタンを縫いつけて(P9)完成。

Summer

リカちゃんハーフパンツ

型紙P101

材料

フェルト(20cm×20cm)#235　1枚(手縫い糸#280)
ドール用ボタン4mmこげ茶　2個(手縫い糸#126)
5mmスナップボタン　1組(手縫い糸#280)

道具

小ばさみ	まち針
紙切りばさみ	定規
チャコペン	アイロン
縫い針	

つくり方

1

フェルトは裏の状態

フェルトを裁断し、チャコペンで必要な印をつけておく。

2

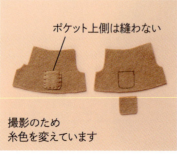

ポケット上側は縫わない

撮影のため糸色を変えています

ポケット位置にポケットを並縫い(P8)で縫いつける。

3

ポケットにボタンを縫いつける。

50

4

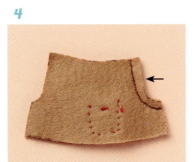

前中心を中表(P14)に縫い合わせる(P14)。

5

縫い代に切りこみを入れる。

6

縫い代を開いてアイロンをかける(P9)。

7

後中心をあきどまりまで中表に縫い合わせる。

8

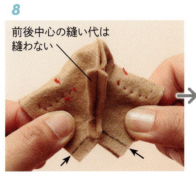

前後中心の縫い代は縫わない

股下を中表に縫い合わせ、表に返す。

9

後ろ側にスナップボタンを縫いつけて(P9)完成。

はるとくん・ミキちゃん マキちゃんハーフパンツ

型紙P101　型紙P101

材料

フェルト(20cm×20cm)#213　1枚(手縫い糸#131)(はるとくん)
フェルト#553　5cm×15cm(手縫い糸#91)(ミキちゃん)
フェルト#538　5cm×15cm(手縫い糸#261)(マキちゃん)
刺繍糸(DMC色番#612)　適量(2本どり)
5mmスナップボタン　1組×3(手縫い糸#131、#91、#261)

道具

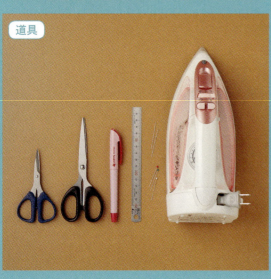

小ばさみ　　まち針
紙切りばさみ　定規
チャコペン　　アイロン
縫い針

つくり方 1

フェルトは裏の状態
はるとくん
ミキちゃん マキちゃん

フェルトを裁断し、チャコペンで必要な印をつけておく。

2

フェルトの表側に、型紙の通りにそれぞれ本返し縫い(バックステッチ)(P8)で刺繍をする。

3

前中心を中表(P14)に縫い合わせる(P14)。

4

縫い代に切りこみを入れる。

5

縫い代を開いてアイロンをかける(P9)。

6

ミキちゃんマキちゃんのパンツのみ型紙を参照し、前中心に刺繍をする。

7
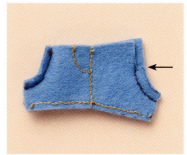
後ろ中心をあきどまりまで中表に縫い合わせる。

8

前後中心の縫い代は縫わない

股下を中表に縫い合わせる。

9
後ろ側にスナップボタンを縫いつけて(P9)完成。

Summer

リカちゃんリュックサック

型紙P102

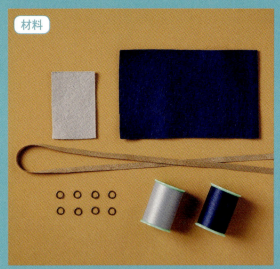

材料

フェルト#771　6cm×4cm（手縫い糸#168）
フェルト#559　13cm×8cm（手縫い糸#261）
5mm幅のスエードテープ
（ソフリナシャル　カットテープ#124）　51cm
A　6cm×2本
B　12cm×2本
C　4.5cm×2本
D　3cm×2本
7mmサイズの丸カンアンティークゴールド　8個

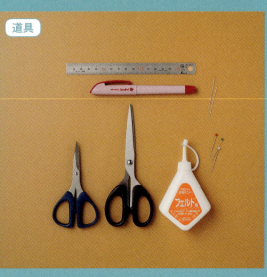

道具

小ばさみ	まち針
紙切りばさみ	フェルト用ボンド
チャコペン	定規
縫い針	

つくり方

1

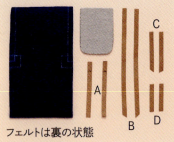

フェルトは裏の状態

フェルトを裁断し、チャコペンで必要な印をつけておく。

2

ベルトパーツAの片端を1cm折り、丸カンを2個通し、ボンドで貼る。

3

リュックの蓋にベルトパーツAをボンドで貼りつける。

4

リュックの蓋にベルトパーツBをボンドで貼りつける。

5

リュックの蓋位置に4を縫いつける（P14）。

6

ベルトパーツCをリュックのベルト位置に縫いつける。

7

ベルトパーツDを半分に折り、丸カンを2個通し、ボンドで貼る。

8
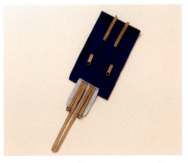
ベルトパーツDをリュックのベルト位置に縫いつける。

9

リュックの両脇を中表（P14）に縫い合わせる。

10

底マチを三角形に折り、出来上がり線を縫い合わせる。

11

底マチを縫い合わせたところ。その後表に返しておく。

12
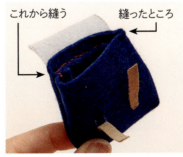
バッグの入れ口部分のマチを折りたたんで糸で縫いとめる。

13

リュックの裏表の丸カンにベルトを通して完成。

55

はるとくん・ミキちゃん マキちゃんキャップ

型紙P102

材料

フェルト#771　5cm×19cm（手縫い糸#168）（はるとくん）
フェルト#113　4cm×17cm（手縫い糸#14）（ミキちゃん）
フェルト#273　4cm×17cm（手縫い糸#278）（マキちゃん）

道具

小ばさみ　　　まち針
紙切りばさみ　フェルト用ボンド
チャコペン　　定規
縫い針

つくり方

1

フェルトは裏の状態

フェルトを裁断し、チャコペンで必要な印をつけておく。

2

端まで縫わないこと

クラウンの三角部分を端から合わせて中表（P14）に縫い合わせる（P14）。

Summer

3

クラウンの後ろ中心を中表に縫い合わせて、それぞれの辺の縫い代を半分にカットする。

4

表に返してトップに天ボタンをボンドで貼りつける。

5

バイザーの縫い代に切りこみを入れ、クラウンにボンドで貼りつけて完成。

リカちゃん セーラーワンピース

型紙P103

材料

フェルト(40cm×40cm)#703　1枚(手縫い糸#403)
フェルト#559　7cm×18cm
1.5mm幅サテンリボン白(#201)　30cm(手縫い糸#403)
5mmスナップボタン　2組(手縫い糸#403)

道具

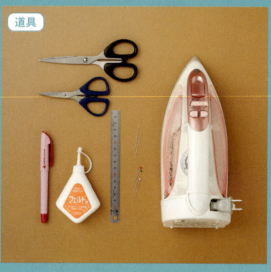

小ばさみ　　　まち針
紙切りばさみ　フェルト用ボンド
チャコペン　　定規
縫い針　　　　アイロン

つくり方

1

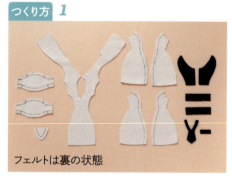

フェルトは裏の状態

フェルトを裁断し、チャコペンで必要な印をつけておく。

2

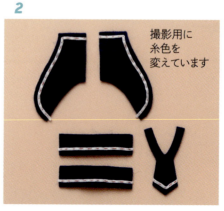

撮影用に糸色を変えています

襟、袖カフス、ネクタイパーツにライン用のリボンを並縫い(P8)で縫いつける。

3

前身頃と前脇の左右を中表(P14)に縫い合わせる(P14)。

4

後ろ身頃と後脇の左右を同様の要領で中表に縫い合わせる。

5

前後の縫い合わせた縫い代を半分にカットする。

6

縫い合わせた接ぎ目に表側からアイロンをかけて(P9)落ち着かせる。

7

襟パーツの縫い代に切りこみを入れてボンドを塗る。

8

身頃の襟ぐりに貼りつける。反対側も同様に。

9

1点ずつ縫いとめる

後ろ襟が浮かないようにそれぞれの端を1点ずつ身頃に縫いとめる。

10

胸あてパーツをボンドで貼りつける。

11

*P90(パフスリーブをうまくつくるコツ)も参照ください

袖パーツの袖口にギャザーを寄せて(並縫いで縫い縮める)、袖カフスと中表に縫い合わせる。

12

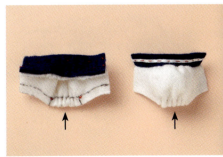

袖パーツの袖山にギャザーを寄せる(並縫いで縫い縮める)。

59

13

袖を身頃の袖ぐりと中表に合わせて縫い合わせる。

14

袖ぐりの縫い代は一緒に縫いこまない

脇を中表に縫い合わせる

縫い代を半分に切る

前後身頃の脇を中表に縫い合わせ、縫い代を半分に切る。

15

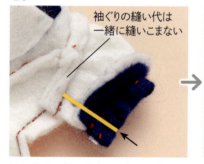

袖ぐりの縫い代は一緒に縫いこまない

袖を中表に縫い合わせ、表に返す。

16

ネクタイの結び目パーツをネクタイに巻き付け後ろ側で縫いとめる。

17

ネクタイの端を襟の下で糸で縫いとめる。

18

後ろ中心をあきどまりまで中表に縫い合わせ、表に返す。

19

スナップボタンを縫いつけて(P9)完成。

リカちゃん リボンカチューシャ

材料

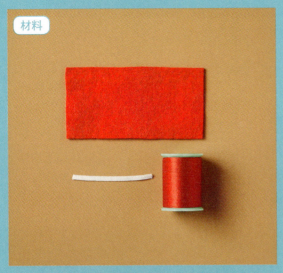

フェルト#114　5cm×9cm（手縫い糸#14）
3mm幅ソフトゴムテープ白　5.5cm

型紙P103

道具

小ばさみ　　　まち針
紙切りばさみ　フェルト用ボンド
チャコペン　　定規
縫い針

つくり方

1

フェルトは裏の状態

フェルトを裁断し、チャコペンで必要な印をつけておく。

2

撮影のため糸色を変えています

リボンパーツA、Bを重ねて中心を糸で縫い合わせ（P14）、糸を引き絞って中心に糸を巻きつけ縫いとめる。

3

中心パーツをリボンに巻きつけて後ろ側で縫いとめる。

4
リボン中心パーツの横から針を入れ縫いとめる

カチューシャパーツにリボンを縫いつける。

5

ゴムテープの片端にボンドを塗り、ゴム位置に合わせて貼りつける。

6

ゴムテープを糸で縫いつける(ボンドはほつれ止めの役割もある)。

7
反対側も同様にボンドで貼ってから糸で縫いつけて完成。

Column　セーラーワンピースアレンジ 1

【材料】
フェルト(40cm×40cm)#110　1枚(手縫い糸#3)
フェルト#703　7cm×18cm
5mm幅リボン(好みのリボン)　12cm
6mm幅レース　55cm
2mmパールビーズ　2個(手縫い糸#3)
5mmスナップボタン　2組(手縫い糸#3)

【道具】P58と同様

アレンジするところ

P60 *17*の工程で、ネクタイパーツはつけずにリボン結びにしたリボンを縫いつける

リボンの下にパールビーズを2個縫いつける

襟、袖カフス、スカート裾にレースをボンドで貼りつける

Column　セーラーワンピースアレンジ 2

【材料】
フェルト(40cm×40cm)#559　1枚(手縫い糸#261)
フェルト#113　7cm×18cm
1.5mm幅サテンリボン白　55cm(手縫い糸#403)
4mm幅サテンリボン　12cm(手縫い糸#403)
5mmスナップボタン　2組(手縫い糸#261)

【道具】P58と同様

アレンジするところ

P60 *17*の工程で、ネクタイパーツはつけずにリボン結びにしたリボンを縫いつける

スカート裾にサテンリボンを並縫いで縫いつける

62

Autumn

リカちゃん ハロウィンワンピース

材料

型紙P104

フェルト(40cm×40cm)#790　1枚(手縫い糸#402)
フェルト#703　6cm×14cm
刺繍糸(DMC色番#310)　適量(2本どり)
5mmスナップボタン　1組(手縫い糸#402)

道具

小ばさみ　　　　フェルト用ボンド
紙切りばさみ　　手芸用鉗子
チャコペン　　　定規
縫い針　　　　　アイロン
まち針

つくり方

1 表の状態(襟と袖カフスは写真のように粗裁ちに)

フェルトは裏の状態

フェルトを裁断し、チャコペンで必要な印をつけておく。

2

襟と袖カフスに本返し縫い(バックステッチ)(P8)で刺繍をする。

3

襟パーツは型紙通りに切る (刺繍の部分を切らないよう注意)

襟の縫い代に切りこみを入れてボンドを塗る。

63

4

身頃の襟ぐりに貼りつける。
反対側も同様に。

5 *P90(パフスリーブをうまくつくるコツ)も参照ください

袖パーツの袖口にギャザーを寄せて(並縫い〈P8〉で縫い縮める)、袖カフスと中表(P14)に縫い合わせる(P14)。

6

 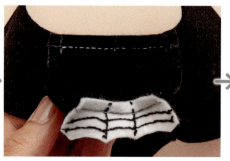

袖と身頃のつけ位置を合わせて中表に縫い合わせる。縫い代を開いてアイロンをかける(P9)。

7

前後身頃の脇を中表に縫い合わせる。

8

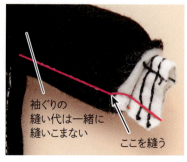

袖を中表に縫い合わせ、鉗子を使って表に返す(P45参照)。

9

後ろ中心をあきどまりまで中表に縫い合わせ、表に返す。

10

こうもりをボンドで貼りつける。

11

スナップボタンを縫いつけて(P9)完成。

ミキちゃんマキちゃん ハロウィンワンピース

型紙P105　　型紙P105

材料

フェルト(20cm×20cm)#370　1枚
(手縫い糸#37)(マキちゃん)
フェルト#450　5cm×7cm(マキちゃん)
フェルト#790　4cm×5cm(マキちゃん)
フェルト(20cm×20cm)#703　1枚
(手縫い糸#403)(ミキちゃん)
フェルト#790　8cm×5cm(ミキちゃん)
5mmスナップボタン　1組×2(手縫い糸#37、#403)

道具

小ばさみ　　　まち針
紙切りばさみ　フェルト用ボンド
チャコペン　　定規
縫い針

つくり方

1

フェルトは裏の状態

フェルトを裁断し、チャコペンで必要な印をつけておく。

2

撮影のため糸色を変えています

 →

4ヵ所の前後身頃のダーツを中表(P14)に縫い合わせる(P14)。

3

余分な縫い代を4ヵ所カットする。

4

襟パーツの縫い代に切りこみを入れてボンドを塗り、P92を参照して身頃の襟ぐりに貼りつける。

5

前後身頃の脇を中表に縫い合わせ、縫い代を半分にカットする。

6

後ろ中心を開きどまりまで中表に縫い合わせ、表に返す。

7

カボチャをボンドで貼りつけ、スナップボタンを縫いつけて(P9)完成。

リカちゃん・ミキちゃんマキちゃんリボンカチューシャ

※作り方・道具はP61リボンカチューシャと同様　　型紙P103

リカちゃん

材料
フェルト#668　5cm×10cm
（手縫い糸#48）
3mm幅ソフトゴムテープ白　5.5cm

ミキちゃん

材料
フェルト#790　5cm×7cm
（手縫い糸#402）
3mm幅ソフトゴムテープ白　5.5cm

マキちゃん

材料
フェルト#370　5cm×7cm
（手縫い糸#37）
3mm幅ソフトゴムテープ白　5.5cm

リカちゃん・はるとくん スポーティスタジャン

型紙P106　型紙P106

材料

フェルト(20cm×20cm)#117　1枚
(手縫い糸#19)(リカちゃん)
フェルト(20cm×20cm)#790　1枚
(手縫い糸#402)(はるとくん)
フェルト#703　2cm×2cm(ワッペン用)×2(写真は1人分)
合皮生地(サニーレザー色番#3)
11cm×17cm×2(写真は1人分)
ニット生地(紺地にボーダー)　12cm×12cm×2(写真は1人分)
ホットフィックス(丸ポコ)4mm金ブロンズ　5個×2(写真は1人分)

道具

小ばさみ　　　フェルト用ボンド
紙切りばさみ　手芸用鉗子
チャコペン　　定規
縫い針　　　　アイロン
まち針

つくり方

1

フェルトを裁断し、チャコペンで必要な印をつけておく。

2

アイロンプリントでワッペンをつくる(P10)。

3

ポケット用の生地を折り線で半分に折り、ボンドで貼り合わせる。

Autumn

67

4

撮影用に糸色を変えています

2枚のポケットをそれぞれ突き合わせにして両端を糸で縫いとめる。

5

前身頃のポケットの周りにボンドを塗る。

6

ポケットを身頃のポケット位置と重ねて貼る。

7

ポケットの周りを本返し縫い（P8）でステッチし、縫いつける。

8

襟リブ、袖リブ、裾リブ用のニット生地をそれぞれ半分に折り、ボンドで貼り合わせてアイロンをかける。

9

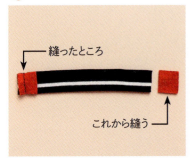

裾リブの両端にフェルトの裾パーツを中表（P14）に縫い合わせる（P14）。

10

縫い代を開き、縫い代が浮かないようにボンドを塗って貼る。

11

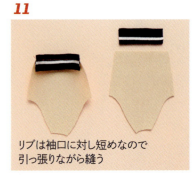

リブは袖口に対し短めなので引っ張りながら縫う

袖口と袖リブを出来上がり線に沿って中表に縫い合わせる。

12

縫い代を袖側に倒しアイロンをかける。

13

こことここも縫う

後ろ身頃と左右の袖を中表に縫い合わせる。

14

こことここも縫う

前身頃と袖を中表に縫い合わせる。

68

15

前後4ヵ所の縫い代を開き切りこみを入れ、開いてアイロンをかける。

16

襟リブと後ろ身頃の中心と身頃の襟つけ位置とリブの両端を中表に合わせ、まち針で止める。

17

襟の端から端までリブを縫い合わせる。

18

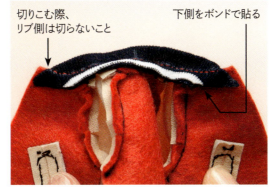

身頃の襟ぐりの縫い代に切りこみ線に従い切りこみを入れて縫い代を身頃側に倒し、ボンドを塗って貼りつけておく。

19

前後身頃の脇を中表に合わせ、縫い合わせる。

20

袖を中表にし縫い合わせ、鉗子で表に返す(P45参照)。

21

裾リブと後ろ身頃の裾の中心を中表に合わせてまち針で止める。

22

左右前身頃の裾の端にリブの端を合わせてまち針でとめる。

23

リブは裾に対し短めなので伸ばしながら縫う

裾の端から端までリブを縫い合わせる。

24

この部分の下側をボンドで貼る

縫い代を身頃側に倒し、ボンドを塗って貼りつけアイロンをかける。

25

ワッペンをボンドで貼りつける。

26

ボタン用のホットフィックスをアイロンで貼りつけ完成。

スタジャンアレンジ 1

Column

材料

フェルト(20cm×20cm)#120　1枚
(手縫い糸#214)
フェルト(20cm×20cm)#213　1枚
フェルト#790　2cm×2cm(ワッペン用)
ニット生地(黒)　12cm×12cm
ホットフィックス(丸ポコ)4mmシルバー　5個
刺繍糸(DMC色番#ECRU)　適量(2本どり)

道具　P67と同様

アレンジするところ

合皮の袖をフェルトに変更

P70 **25**の工程で、アイロンプリントのワッペンはつけずに刺繍でつくったワッペンをボンドで貼る(ワッペン型紙P106)

P67 **3**、P68 **4〜7**の工程は省略。ポケットはつけない

Autumn

リカちゃん・はるとくん タンクトップ

材料

型紙P101

型紙P101

＊夏のアウトドアコーデと型紙共通

フェルト（20cm×20cm）#446　1枚
（手縫い糸#64）（リカちゃん）
フェルト（20cm×20cm）#MB　1枚
（手縫い糸#172）（はるとくん）
刺繍糸（DMC色番#ECRU）　適量（リカちゃん）（2本どり）
刺繍糸（DMC色番#310）　適量（はるとくん）（2本どり）
5mmスナップボタン　1組×2（手縫い糸#64、#172）

道具

小ばさみ　　　まち針
紙切りばさみ　定規
チャコペン　　アイロン
縫い針

つくり方 1

フェルトは裏の状態

フェルトを裁断し、チャコペンで必要な印をつけておく。

2

襟ぐり、袖ぐり、裾に刺繍（P101の型紙を参考に本返し縫い〈バックステッチ，P8〉）する。

3

P49 *2・3*を参照し同様の要領で作成し、完成。

71

Autumn

リカちゃん デニム風ミニスカート

型紙P106

材料

フェルト（20cm×20cm）#558　1枚（手縫い糸#99）
刺繍糸（DMC色番#612）　適量（2本どり）
5mmスナップボタン　1組（手縫い糸#99）

道具

小ばさみ　　　まち針
紙切りばさみ　定規
チャコペン　　アイロン
縫い針

つくり方

1

フェルトは裏の状態

フェルトを裁断し、チャコペンで必要な印をつけておく。

2

裾は刺繍しない

型紙を参考に前スカートに本返し縫い（バックステッチ）(P8)で刺繍をする。

3

前後スカートの両脇を中表(P14)に縫い合わせる(P14)。

72

4

縫い代を開きアイロンをかける(P9)。

5

型紙を参考に、裾に本返し縫い(バックステッチ)で刺繍をする。

6

後ろ中心をあきどまりまで中表に縫い合わせ、表に返す。

7

後ろ開きにスナップボタンを縫いつけて(P9)完成。

Column — スタジャンアレンジ 2

アレンジするところ

- 合皮の袖をフェルトに変更
- P67 **3**、P68 **4〜7**の工程は省略。ポケットはつけない
- ホットフィックスを5mmボタンに変更
- ニット生地をリブニットに変更

材料
フェルト(20cm×20cm)#110　1枚
(手縫い糸#3)
リブニット生地(グレー)　12cm×12cm
5mmボタン薄ベージュ　5個
(手縫い糸#3)

道具　P67と同様

はるとくん
デニム風パンツ

型紙P107

材料

フェルト（20cm×20cm）#558　1枚（手縫い糸#99）
刺繍糸（DMC色番#612）　適量（2本どり）
5mmスナップボタン　1組（手縫い糸#99）

道具

小ばさみ　　　手芸用鉗子
紙切りばさみ　定規
チャコペン　　アイロン
縫い針
まち針

つくり方

1

フェルトは裏の状態

フェルトを裁断し、チャコペンで必要な印をつけておく。

2

フェルトに刺繍（P107の型紙を参考に本返し縫い〈バックステッチ, P8〉）をする。

3

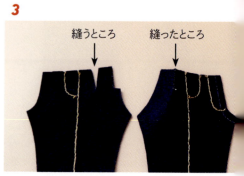

縫うところ　縫ったところ

ダーツを巻き縫い（P8）で縫い合わせる。

4

撮影用に糸色を変えています

前中心を中表(P14)に縫い合わせる(P14)。

5

縫い代に切りこみを入れる。

6

縫い代を開いてアイロンをかける(P9)。

7

さらに前中心に刺繍(P107の型紙を参考に本返し縫い)する。

8

後ろ中心をあきどまりまで中表に縫い合わせる。

9

股下を中表に縫い合わせ、鉗子で表に返す(P45参照)。

10

後ろ開きにスナップボタンを縫いつけて(P9)完成。

リカちゃんトレンチコート

型紙P108 — Winter

材料

フェルト(20cm×20cm)#213　2枚(手縫い糸#131)
ドール用ボタン4mmこげ茶　5個(手縫い糸#126)
ドール用ボタン5mmこげ茶　6個(手縫い糸#126)
メッキバックル極小シルバー　2個
メッキバックル角中シルバー　1個

道具

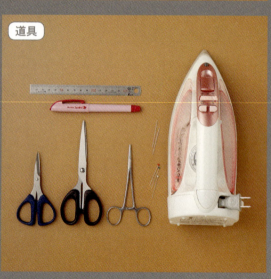

小ばさみ　　　手芸用鉗子
紙切りばさみ　定規
チャコペン　　アイロン
縫い針
まち針

つくり方

1
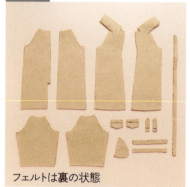

フェルトを裁断し、チャコペンで必要な印をつけておく。

フェルトは裏の状態

2
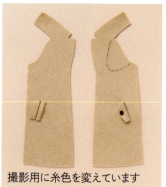

前身頃にフラップポケットを縫いつけ、4ミリボタンと一緒に縫いとめる。

撮影用に糸色を変えています

3

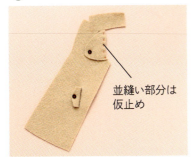

並縫い部分は仮止め

左前身頃にヨークを並縫いで縫いつけ、4ミリボタンを縫いとめる。

4

左右の後ろ身頃を中表(P14)に合わせて、スリットの縫いどまり位置まで縫い合わせる(P14)。

5

縫い代を右身頃側に倒してアイロンをかける(P9)。

6

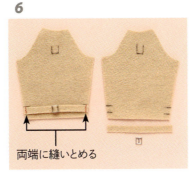

両端に縫いとめる

袖口ベルトにバックルを通して袖口の両端に縫いとめる。

7

エポレットを袖のつけ位置に縫いつけ4ミリボタンを縫いとめる。

8

縫い合わせる　縫ったところ

後ろ身頃と左右の袖を中表に縫い合わせる。

9

縫い合わせる　縫ったところ

前身頃と袖を中表に縫い合わせる。

10

切りこみ

前後の縫い代に切りこみを入れて縫い代を開き、アイロンをかける。

11

襟の後ろ中心を外表に縫い合わせる。

12

中表に巻き縫い

後ろ身頃中心と襟の中心位置を合わせて襟ぐりを巻き縫い(P8)で縫い合わせる。

77

13

襟を折り、アイロンをかける。

14

前後身頃の脇を中表に縫い合わせる。

袖ぐりの縫い代は一緒に縫いこまない

15

袖ぐりの縫い代は一緒に縫いこまない

袖を中表に縫い合わせ、鉗子で表に返す(P45参照)。

16

5ミリボタンを6個つけ位置に縫いつける。

17

ウエストベルトにバックルを通しベルト端を折り、縫いとめる。

18

ウエストベルトを身頃のつけ位置に縫いつける。

19

背中側でベルトをバックルに通して完成。

リカちゃん ハイネックインナー

型紙P108

Winter

材料

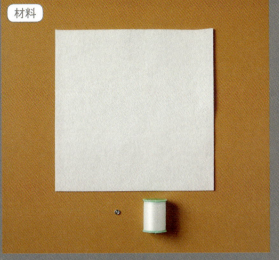

フェルト(20cm×20cm)#703　1枚(手縫い糸#403)
5mmスナップボタン　1組(手縫い糸#403)

道具

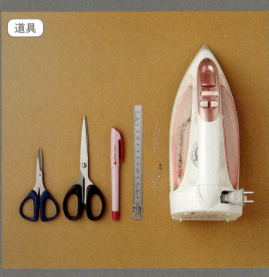

小ばさみ　　　まち針
紙切りばさみ　定規
チャコペン　　アイロン
縫い針

つくり方 1

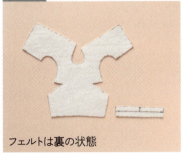

フェルトは裏の状態

フェルトを裁断し、チャコペンで必要な印をつけておく。

2

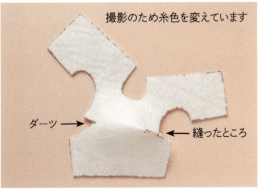

撮影のため糸色を変えています

← ダーツ　　← 縫ったところ

前身頃のダーツを中表(P14)に合わせ、巻き縫い(P8)で縫い合わせる。

3

襟の中心と身頃の前中心、右は襟ぐりの端、左は襟つけ位置をまち針で止める。

4

3を縫い合わせる。

5

縫い代を半分にカットする。

6

身頃脇を中表に縫い合わせる。

7

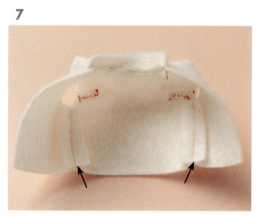

縫い代を開いてアイロンをかける(P9)。

8

表に返して後ろ開きにスナップボタンを縫いつけて(P9)完成。

リカちゃん ロングタイトスカート

型紙P109

材料

フェルト（20cm×20cm）#120　1枚（手縫い糸#214）
メッキバックル極小金ブロンズ　1個
5mmスナップボタン　1組（手縫い糸#214）

道具

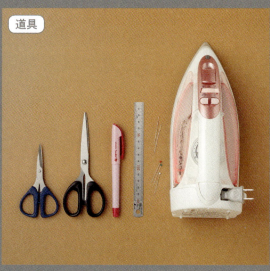

小ばさみ　　　まち針
紙切りばさみ　定規
チャコペン　　アイロン
縫い針

つくり方

1

フェルトは裏の状態

フェルトを裁断し、チャコペンで必要な印をつけておく。

2

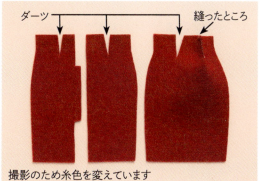

ダーツ　　縫ったところ

撮影のため糸色を変えています

スカートのダーツを中表（P14）に合わせ、巻き縫い（P8）で縫い合わせる。

3

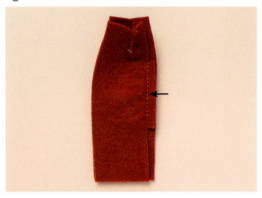

左右の後ろスカートを中表に合わせてあきどまりからスリットの縫いどまり位置まで縫い合わせる(P14)。

4

縫い代を右スカート側に倒してアイロンをかける(P9)。

5

前後スカートの脇を中表に縫い合わせて表に返す。

6

ウエストベルトにバックルを通しスカートのウエストに重ねる。

7

ウエストベルトを脇と後ろ開き部分4ヵ所で縫いとめる。

8

スナップボタンを縫いつけて(P9)完成。

リカちゃんベレー帽

型紙P109

材料

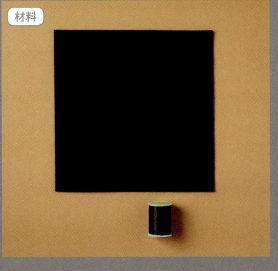

フェルト(20cm×20cm)#790　1枚(手縫い糸#402)

道具

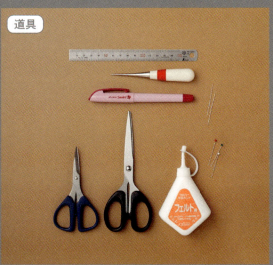

小ばさみ	まち針
紙切りばさみ	フェルト用ボンド
チャコペン	定規
縫い針	目打ち

つくり方 1

フェルトは裏の状態

フェルトを裁断し、チャコペンで必要な印をつけておく。

2

トップクラウンの中心部分に目打ちで穴をあける。

83

3

あけた穴に半分折りにしたチョボを目打ちで差しこみ、輪になっている先を7ミリくらい残して裏に引っ張りこむ。

4

裏側に出たチョボの先を開いてボンドで貼りつける。

5

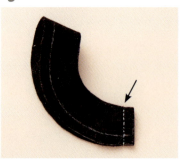

サイドクラウンの後ろ中心を中表(P14)に縫い合わせる(P14)。

6

5の縫い代を開いて、トップクラウンとサイドクラウンを中表に縫い合わせる。

7

縫い代を半分にカットする。

8

表に返して形を整えて完成。

リカちゃん クリスマスワンピース

型紙P110

材料

フェルト（20cm×20cm）#113　2枚（手縫い糸#14）
ファー生地（マイクロムートン色番#1）　2.5cm×21cm
＊なるべく薄地で毛足が5mmくらいのもの
5mmスナップボタン　2組

道具

小ばさみ　　　まち針
紙切りばさみ　手芸用鉗子
チャコペン　　定規
縫い針　　　　アイロン

つくり方

1

フェルトは裏の状態

フェルトを裁断し、チャコペンで必要な印をつけておく。

2

撮影のため糸色を変えています

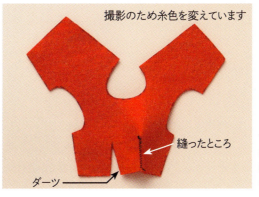

縫ったところ
ダーツ

前身頃のダーツを中表（P14）に合わせ、巻き縫い（P8）で縫い合わせる。

3
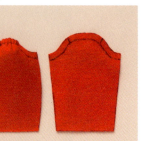
袖山に並縫い(P8)で
ギャザーを寄せる。

4

袖パーツを身頃の袖ぐりと中表に
縫い合わせる(P14)。

5
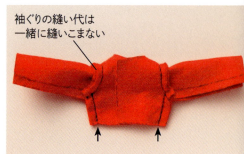
前後身頃の脇を中表に縫い合わせる。

6
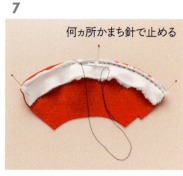
袖を中表に縫い合わせ、鉗子で表に
返す(P45参照)。

7

スカート裾とファー生地を中表に
重ねて並縫いで縫い合わせる。

8

ファー生地をスカート裾を包むよう
にして折り、まち針で止める。

9

スカートとファー生地の接ぎ目の上を
並縫いで縫いとめる。

10

身頃とスカートを中表に縫い合わせる。

11

縫い代を開いてアイロンをかける
(P9)。

12

後ろ中心をあきどまりまで中表に
縫い合わせ、表に返す。

13
後ろ開きにスナップボタンを2ヵ所
縫いつけて(P9)完成。

リカちゃん クリスマスケープ

型紙P110

材料

フェルト(20cm×20cm)#113　1枚(手縫い糸#14)
ファー生地(マイクロムートン色番#1)　2.5cm×25cm
8mmボンテン　2個(手縫い糸#403)
5mmスナップボタン　1組(手縫い糸#14)

道具

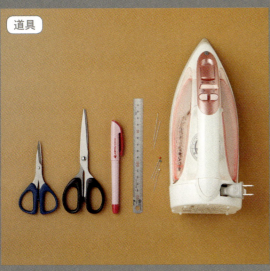

小ばさみ	まち針
紙切りばさみ	定規
チャコペン	アイロン
縫い針	

つくり方

1

フェルトは裏の状態

フェルトを裁断し、チャコペンで必要な印をつけておく。

2

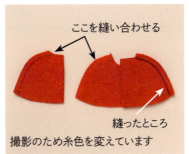

ここを縫い合わせる
縫ったところ
撮影のため糸色を変えています

前後身頃の肩を中表(P14)に縫い合わせる(P14)。

3

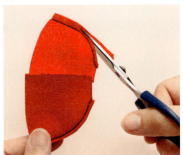

縫い代を半分にカットする。

4

ケープの襟ぐりと裾にワンピースと同じ要領(P86 7〜9)で毛の流れに注意してファー生地を縫いつける。

5

前中心にボンテンを縫いつける。

6

後ろ開きにスナップボタンを縫いつけて完成(P9)。

Column

クリスマスワンピース&ケープアレンジ

アレンジするところ

ケープはP88 5の工程で、ボンテンを付けずにリボン結びにしたリボンと5mmボタンを前中心に縫いつける

フェルトとファーの色を変えるだけでクリスマス仕様が冬のおでかけスタイルに♪

材料 ワンピース

フェルト(20cm×20cm)#235　2枚
(手縫い糸#280)
ファー生地(マイクロムートン色番#48)
2.5cm×21cm
5mmスナップボタン　2組
(手縫い糸#280)

道具 P85と同様

材料 ケープ

フェルト(20cm×20cm)#235　1枚
(手縫い糸#280)
ファー生地(マイクロムートン色番#48)　2.5cm×25cm
6mm幅サテンリボン　12cm
ドール用ボタン5mmこげ茶　2個(手縫い糸#126)
5mmスナップボタン　1組(手縫い糸#280)

道具 P85と同様

リカちゃん・ミキちゃん マキちゃんクリスマス帽子

型紙P110

材料

フェルト(20cm×20cm)#113　1枚
(手縫い糸#14)(材料一人分)
ファー生地(マイクロムートン色番#1)　2.5cm×14cm
(リカちゃん)
ファー生地(マイクロムートン色番#1)　2.5cm×12cm
(ミキちゃんマキちゃん)(材料一人分)
15mmポンテン　1個(手縫い糸#403)(材料一人分)

道具

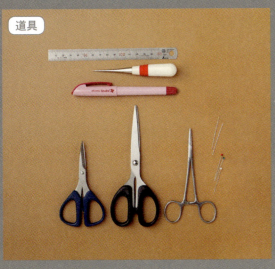

小ばさみ　　　まち針
紙切りばさみ　手芸用鉗子
チャコペン　　定規
縫い針　　　　目打ち

つくり方

1

フェルトは裏の状態

フェルトを裁断し、チャコペンで必要な印をつけておく。

2

帽子のふちにワンピースと同じ要領(P86 7〜9)で毛の流れに注意してファー生地を縫いつける(P14)。

3

撮影のため糸色を変えています

後ろ中心を中表(P14)に縫い合わせる。

4

表に返し、中側から目打ちで押して帽子の先をしっかりと出す。

5

帽子の先にボンテンを縫いつける。

6
帽子を折り曲げ、天辺とふちのファー部分を縫いつけて形を固定する。

パフスリーブをうまくつくるコツ

パフスリーブのパフをうまく出すためのコツです。

Column

縫い縮める際は、出来上がり線のすぐ上を縫うように

1.5cm

1
袖山のギャザーは1.5cmを目安に縫い縮め、袖口は袖カフスの長さに合わせて縫い縮める(短く縮めすぎると調整が難しいので縮めすぎないように注意する)。

NG カフスが内側に倒れている状態　　**OK** カフスが表に出ている状態

2
袖下を縫い合わせる際、袖カフスは内側に倒れやすいのでしっかりとカフスの縫い代を倒してカフスが表に出るようにする。

内側の縫い代がたまっている状態

ペンなどで中側に押し上げる

3
袖を表に返した際に袖口に縫い代がたまりやすくもたついてしまうので、チャコペンの先などを利用して縫い代をぐいっと上に押し上げると形がつきやすくなる。

Winter

型紙P111

リカちゃん クリスマスブーツ

材料

フェルト#113　5cm×19cm（手縫い糸#14）
8mmボンテン　2個（手縫い糸#403）

道具

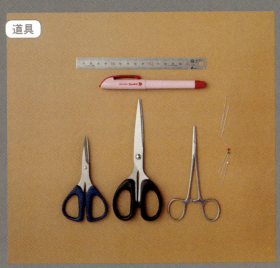

小ばさみ　　　まち針
紙切りばさみ　手芸用鉗子
チャコペン　　定規
縫い針

つくり方

1

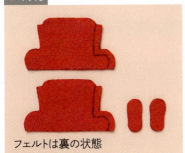

フェルトは裏の状態

フェルトを裁断し、チャコペンで必要な印をつけておく。

2

撮影のため糸色を変えています

前中心を中表（P14）に縫い合わせる（P14）。

3

縫い代に切りこみを入れて半分にカットする。

91

4

本体と靴底を中表に合わせて巻き縫い(P8)で縫い合わせる。

5

鉗子を使って表に返し(P45参照)、前にボンテンを縫いつけて完成

襟をうまくつける方法

この工程をマスターすれば、全ての襟つけに応用できます。

Column

1 襟パーツの襟ぐりの縫い代に切りこみを入れ、向かって左端から中心までボンドを塗る。

2 1を身頃襟ぐりの向かって左端から中心までしっかり貼り合わせる。

3 縫い代の残りの半分にボンドを塗る。

端まで貼りつけないよう注意

4 3を襟ぐりの襟つけ位置に貼りつける。

＊フェルト生地はボンドが染みこみやすく貼りつきにくいので時間をかけてしっかりと貼りつけるか、アイロンをかけて貼りつけるようにする。

＊ボンドで貼りつけるのが難しい場合は、襟ぐり周りを並縫いで縫い合わせても良い。

ミキちゃんマキちゃん
クリスマスジャケット・ワンピース

型紙P111　型紙P111

材料

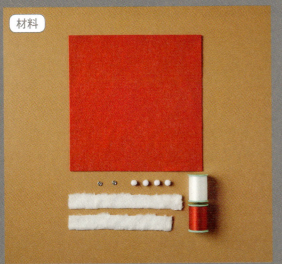

フェルト(20cm×20cm)#113　1枚(手縫い糸#14)
ファー生地(マイクロムートン色番#1)
2cm×19cm(ミキちゃん)
2cm×17cm(マキちゃん)
8mmボンテン　2個×2
5mmスナップボタン　1組(手縫い糸#403)×2

道具

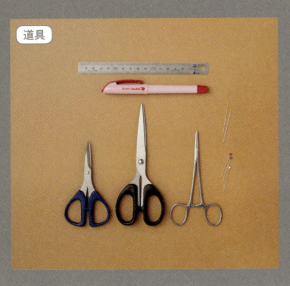

小ばさみ	まち針
紙切りばさみ	手芸用鉗子
チャコペン	定規
縫い針	

つくり方

1

フェルトは裏の状態

ミキちゃん　マキちゃん

フェルトを裁断し、チャコペンで必要な印をつけておく。

2

襟ぐりにリカちゃんのワンピースと同じ要領(P86 7〜9)で毛の流れに注意してファー生地を縫いつける。

3

前後身頃の脇から袖を中表(P14)に
縫い合わせる(P14)。

4

縫い代に切りこみを入れて半分にカットし、
鉗子を使って表に返す(P45参照)。

5

裾にリカちゃんのワンピースと同じ要領(P86 7〜9)
で毛の流れに注意してファー生地を縫いつける。

6

前にボンテンを縫いつける。

7

後ろ開きにスナップボタンを
縫いつけて(P9)完成。

8

マキちゃんのジャケットも
同様の要領で作成する。

マキちゃん クリスマスズボン

型紙P111

Winter

材料

フェルト#113　6cm×15cm（手縫い糸#14）
5mmスナップボタン　1組（手縫い糸#14）

道具

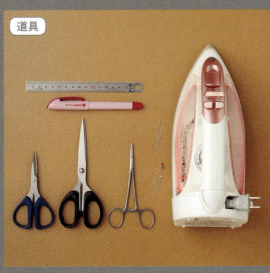

小ばさみ　　　まち針
紙切りばさみ　手芸用鉗子
チャコペン　　定規
縫い針　　　　アイロン

つくり方

1

フェルトは裏の状態

フェルトを裁断し、チャコペンで必要な印をつけておく。

2

撮影のため糸色を変えています

前中心を中表（P14）に縫い合わせる（P14）。

3

縫い代に切りこみを入れる。

95

4

撮影のため
糸色を変えています

縫い代を開いてアイロンをかける。

5

後ろ中心をあきどまりまで中表に縫い合わせる。

6

股下を中表に縫い合わせ、鉗子を
使い表に返す（P45参照）。

7

後ろ開きにスナップボタンを
縫いつけて（P9）完成。

つくり方 P32 リカちゃんイースターワンピース

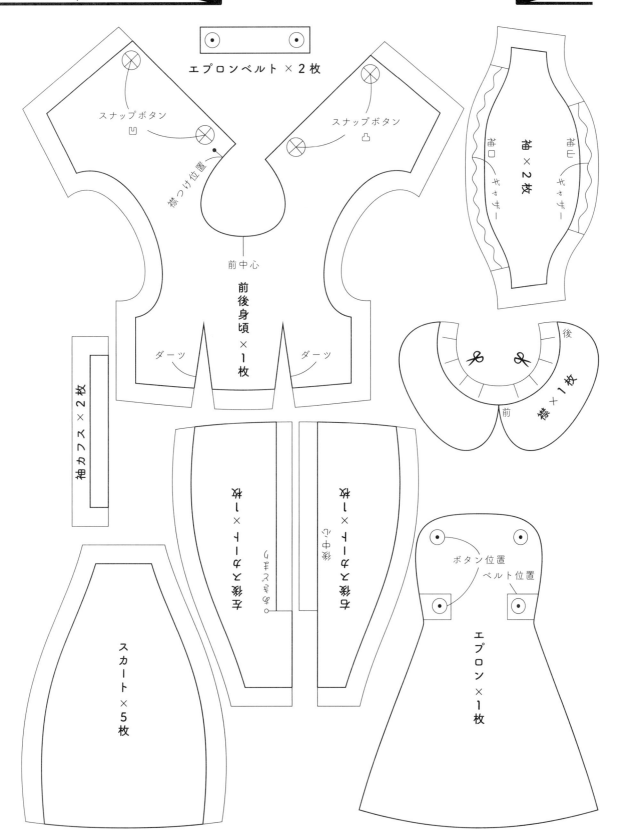

pattern × 100%

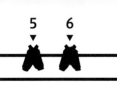

| つくり方 P38 | ミキちゃんマキちゃんイースターオールインワン |

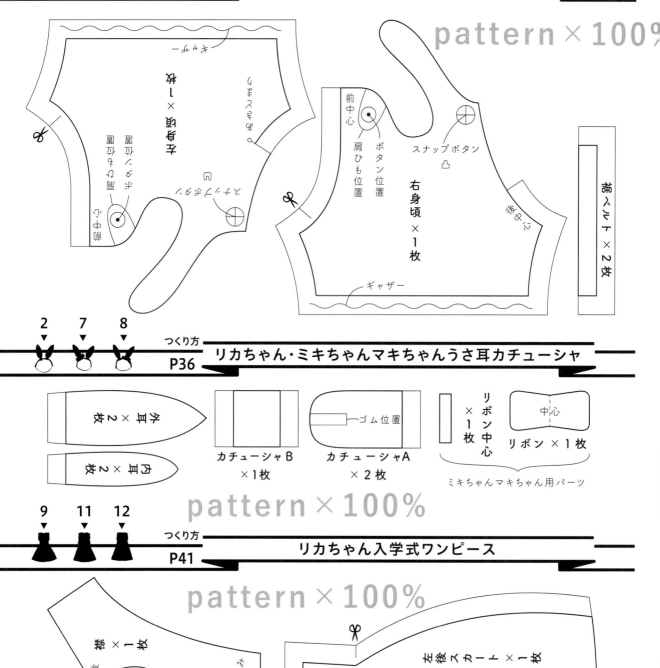

| つくり方 P36 | リカちゃん・ミキちゃんマキちゃんうさ耳カチューシャ |

| つくり方 P41 | リカちゃん入学式ワンピース |

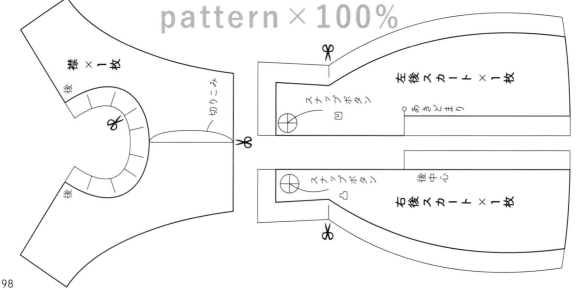

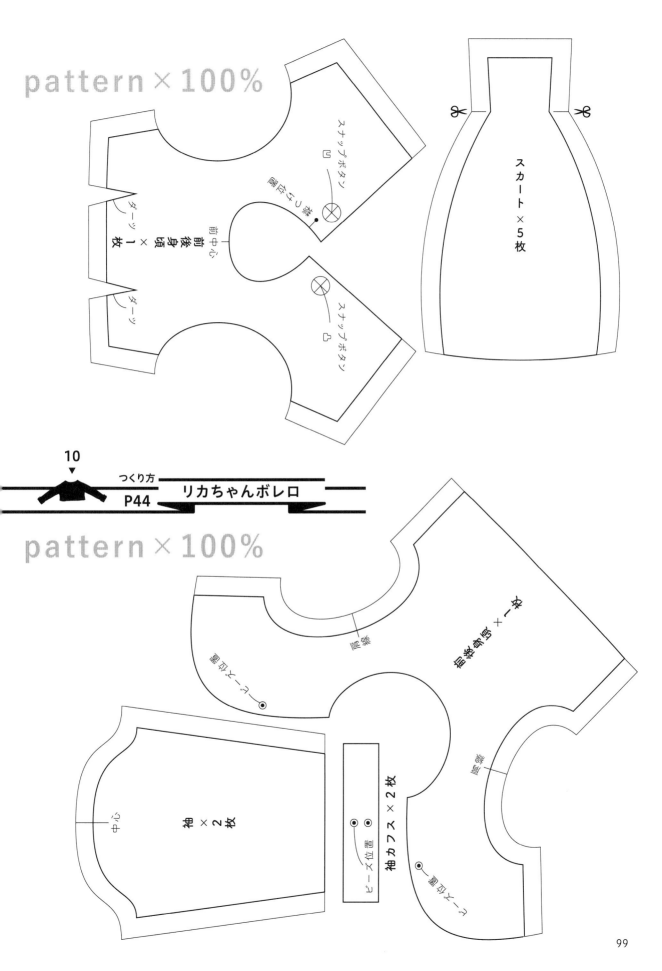

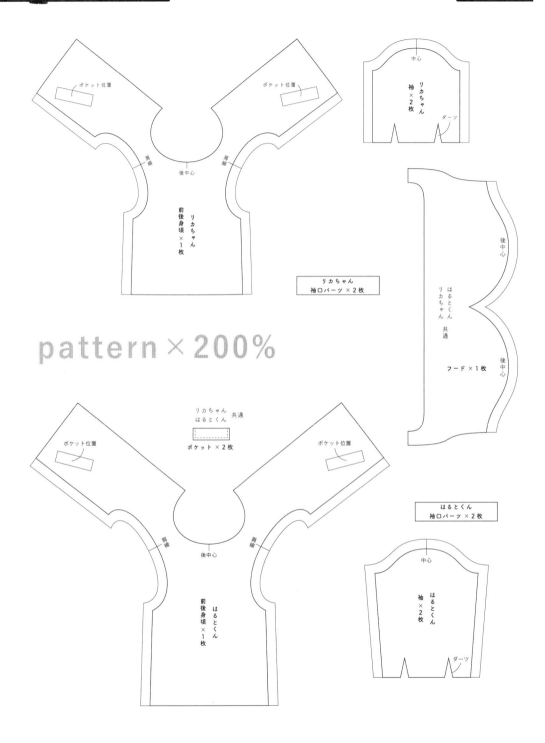

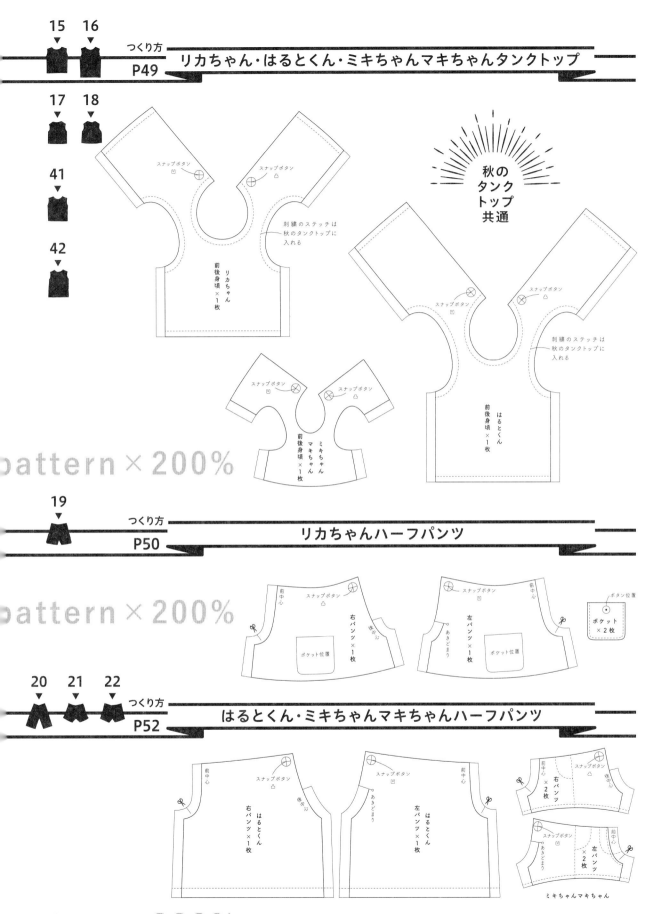

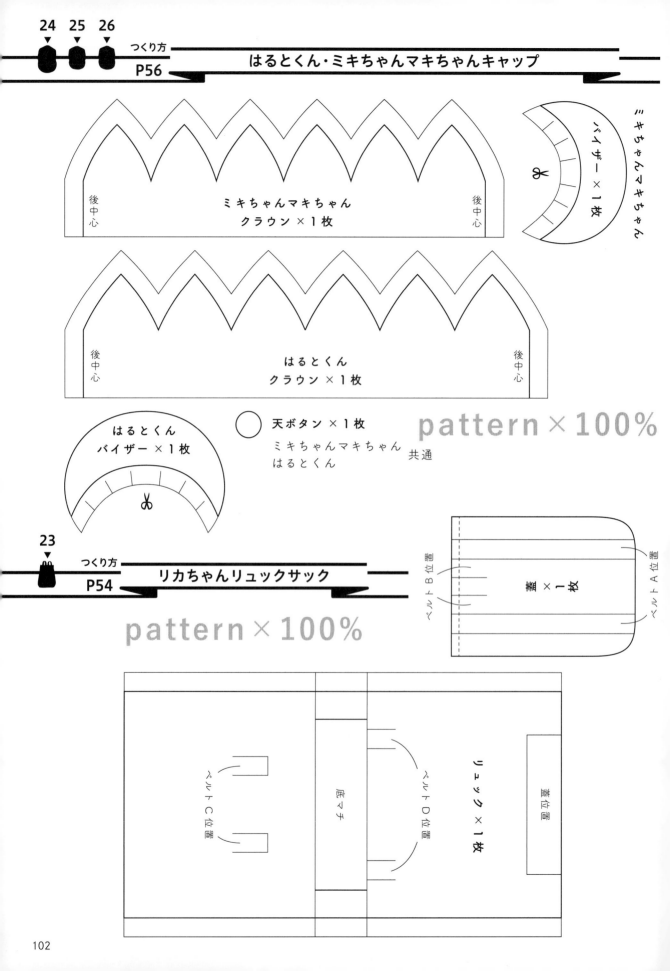

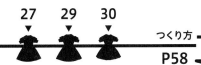 

つくり方 P58 リカちゃんセーラーワンピース

pattern × 200%

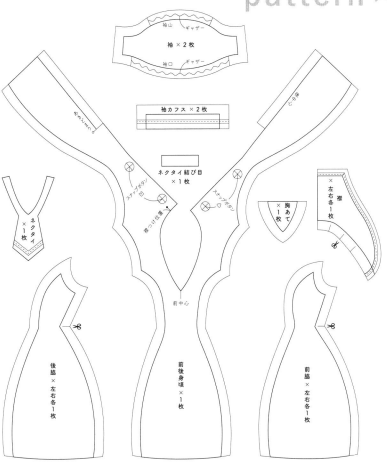

つくり方 P61 リカちゃん・ミキちゃんマキちゃんリボンカチューシャ

pattern × 100%

 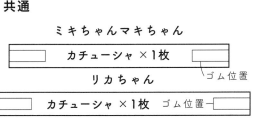 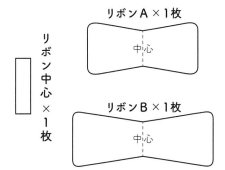

31 つくり方 P63 リカちゃんハロウィンワンピース

pattern × 200%

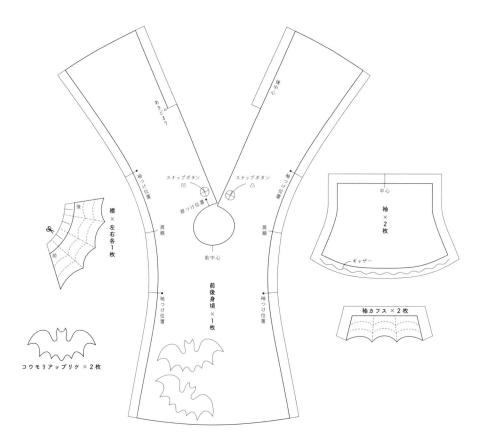

33 34 つくり方 P65 ミキちゃんマキちゃんハロウィンワンピース

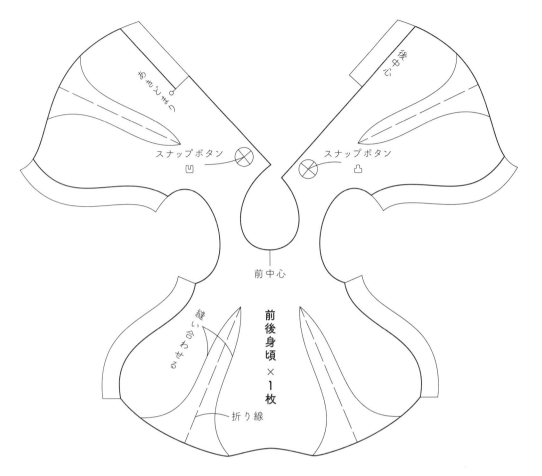

pattern × 100%

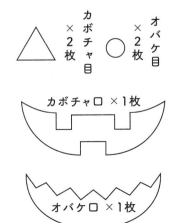

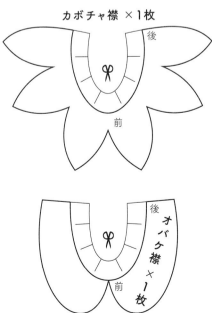

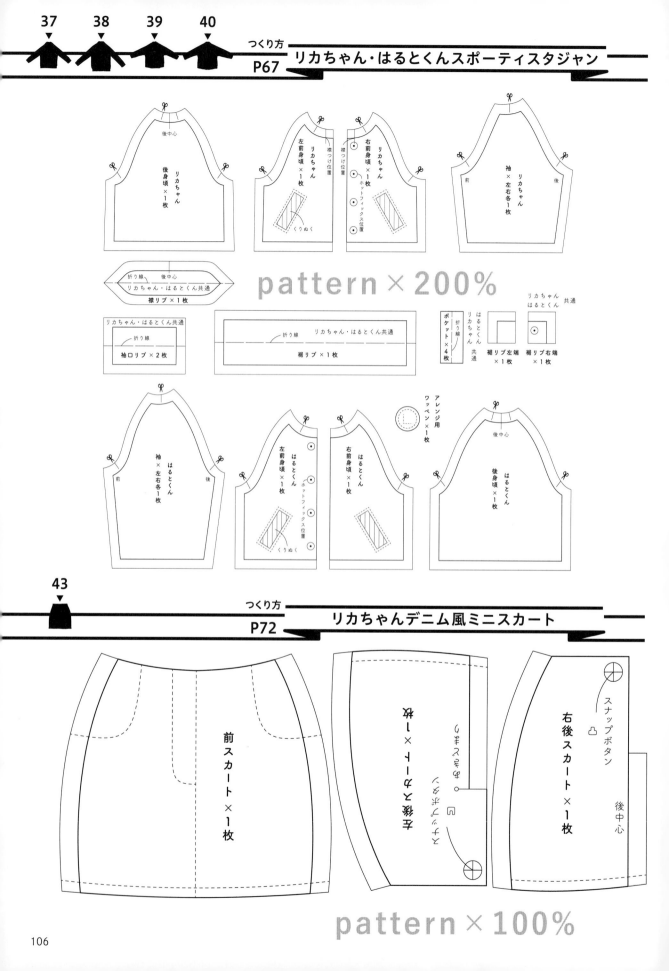

はるとくんデニム風パンツ

つくり方 P74

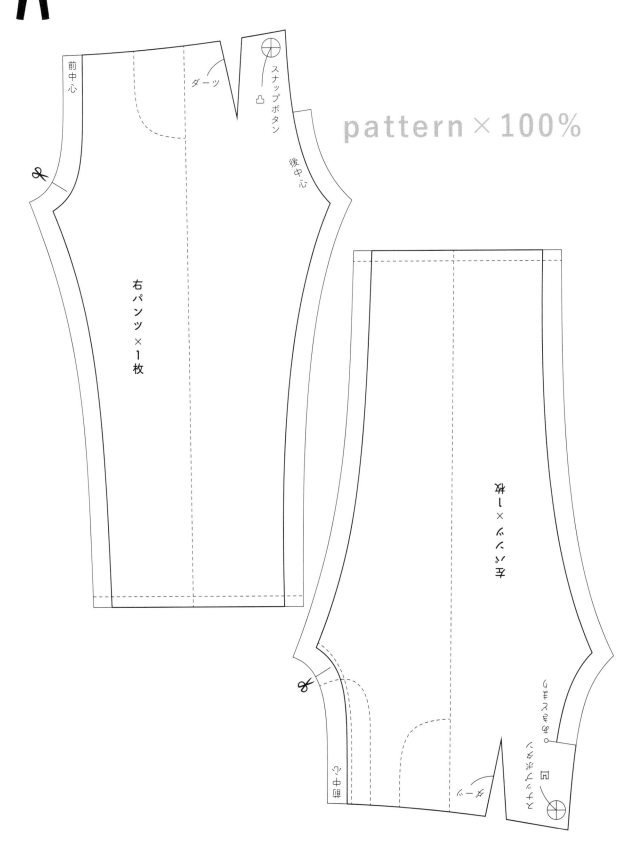

45 つくり方 P76　リカちゃんトレンチコート

pattern × 200%

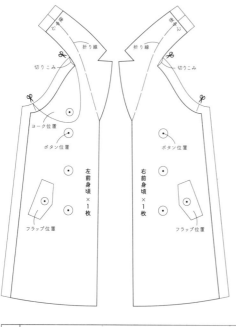
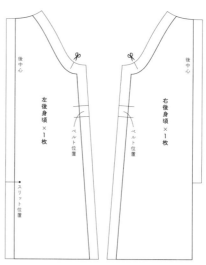
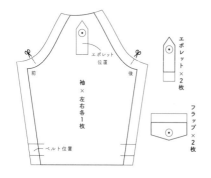

46 つくり方 P79　リカちゃんハイネックインナー

pattern × 200%

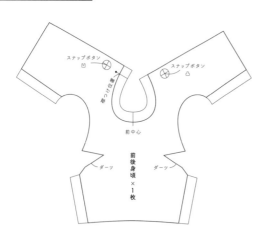

47 つくり方 P81　リカちゃんロングタイトスカート

pattern × 200%

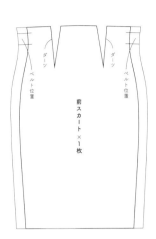
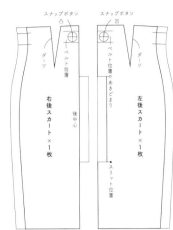

48 つくり方 P83　リカちゃんベレー帽

pattern × 100%

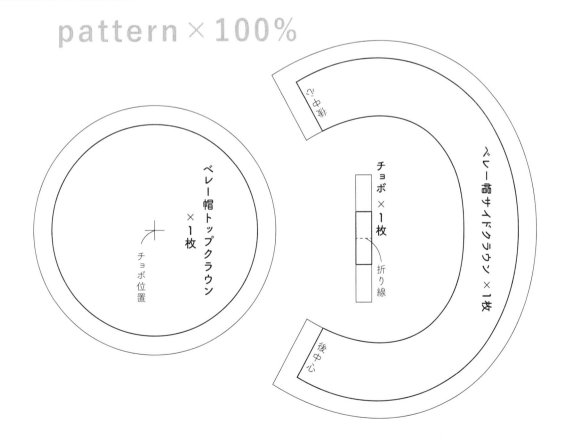

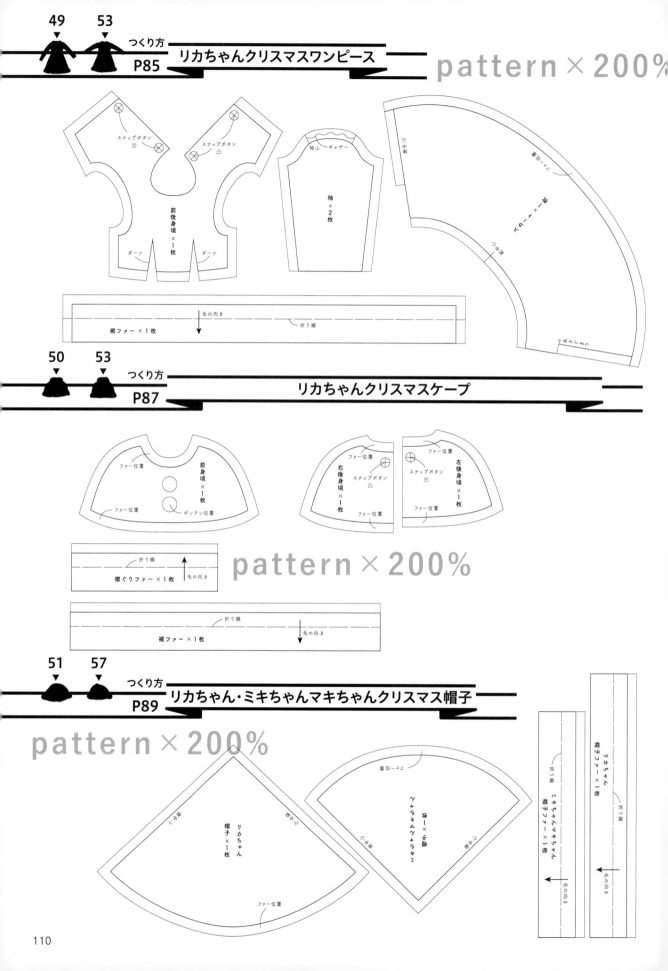

52

つくり方 **P91** リカちゃんクリスマスブーツ

pattern×200%

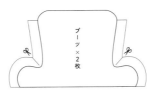

54　55

つくり方 **P93** ミキちゃんマキちゃんクリスマスジャケット・ワンピース

pattern×200%

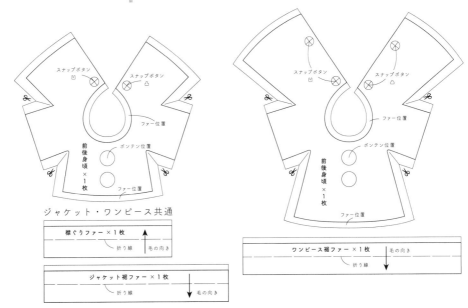

56

つくり方 **P95** マキちゃんクリスマスズボン

pattern×100%

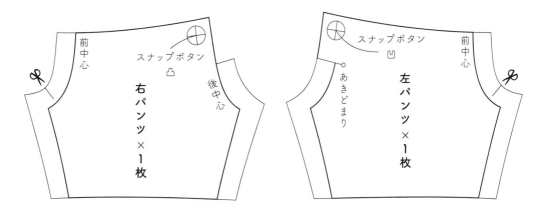

111

材料提供

サンフェルト株式会社

Tel：03-3842-5562(代)
http://www.sunfelt.co.jp/

*掲載されている靴や靴下、小物類は著者私物もしくは非売品です。
*掲載されている作品は個人で楽しむためのものです。
　クラフト販売サイトでの販売や金銭を伴う譲渡はしないでください。
*針やはさみ、目打ちなど先がとがったものを使用します。
　小さなお子様が作業する時は、大人の方が必ず側についてください。

デザイン・レイアウト	三橋理恵子(Quomodo DESIGN)
校正	戎谷真知子
型紙校正	平入福恵
型紙トレース、イラスト	mono
写真	伊藤泰寛(講談社写真部)

かんたん&わかりやすい
フェルトでつくるリカちゃん手縫い服　オールシーズン

2019年11月26日　第1刷発行
2023年 2 月27日　第5刷発行

著　者　関口妙子
　　　　（せきぐちたえこ）
発行者　鈴木章一
発行所　株式会社　講談社
　　　　〒112-8001　東京都文京区音羽2-12-21
　　　　販売　TEL03-5395-3606
　　　　業務　TEL03-5395-3615
編　集　株式会社　講談社エディトリアル
代　表　堺　公江
　　　　〒112-0013　東京都文京区音羽1-17-18　護国寺SIAビル6F
　　　　編集部　TEL03-5319-2171
印刷所　半七写真印刷工業株式会社
製本所　大口製本印刷株式会社

KODANSHA

定価はカバーに表示してあります。
本書のコピー、スキャン、デジタル化等の無断複製は著作権法上での例外を除き禁じられております。
本書を代行業者等の第三者に依頼してスキャンやデジタル化することはたとえ個人や家庭内の利用でも著作権法違反です。
落丁本・乱丁本は、購入書店名を明記の上、講談社業務宛（03-5395-3615）にお送りください。送料講談社負担にてお取り換えいたします。
なお、この本についてのお問い合わせは、講談社エディトリアル宛にお願いいたします。

© TOMY,
Taeko Sekiguchi 2019, Printed in Japan
ISBN978-4-06-517816-4